Auch der Band *Besternte Ernte*, 1976 erstmals aufgelegt, lehrt so manches, was nicht in Aufklärungsbüchern zu finden ist. Die Wortgedichte, Bildgedichte und Fotogedichte, die Robert Gernhardt und F. W. Bernstein in Zusammenarbeit mit F. K. Waechter »abends, wenn die Geräusche der Stadt leiser und die Stimmen der Stadt lauter« werden, verfaßten, lassen den Leser kaum zu Atem kommen. *Animalerotica* wie »Der Wal vollzieht den Liebesakt / zumeist im Wasser. Und stets nackt« haben von ihrer komischen Kraft genausowenig eingebüßt wie beispielsweise die zwei- bis mehrdeutigen *Rotbart-Lieder*. Andere Arbeiten besitzen eine gesellschaftskritische Qualität, die über den Nonsens weit hinausgeht: »Der Herr rief: ›Lieber Knecht / mir ist entsetzlich schlecht!‹ / Da sprach der Knecht zum Herrn: / ›Das hört man aber gern!‹« Wie immer in den Arbeiten der *Neuen Frankfurter Schule* macht die Gratwanderung zwischen Sinn und Unsinn den Reiz und die Vielfalt der Gedichte und Zeichnungen aus.

Robert Gernhardt, 1937 in Reval/Estland geboren, studierte Malerei und Germanistik in Stuttgart und Berlin. Er lebt als Schriftsteller, Maler, Zeichner und Karikaturist in Frankfurt am Main. *F. W. Bernstein*, 1938 als Fritz Weigle in Göppingen geboren, gehört neben F. K. Waechter ebenfalls zu den Mitbegründern der *Neuen Frankfurter Schule*. Seit 1984 ist er Professor für Karikatur und Bildgeschichte an der Hochschule der Künste in Berlin.
Als Fischer Taschenbuch sind von Gernhardt außerdem erschienen: die Gedichtbände ›Wörtersee‹ (Bd. 13226), ›Körper in Cafés‹ (Bd. 13398), ›Weiche Ziele‹ (Bd. 12985) und ›Lichte Gedichte‹ (Bd. 14108), das Lese- und Bilderbuch ›Über alles‹ (Bd. 12985), ›Die Wahrheit über Arnold Hau‹ (mit F. W. Bernstein und F. K. Waechter, Bd. 13230), ›Die Blusen des Böhmen‹ (Bd. 13228), ›Glück Glanz Ruhm‹ (Bd. 13399), ›Es gibt kein richtiges Leben im valschen‹ (Bd. 12984), ›Hört, hört! Das WimS-Vorlesebuch‹ (Bd. 13227), ›Wege zum Ruhm‹ (Bd. 13400), ›In Zungen reden‹ (Bd. 14759) sowie ›Der letzte Zeichner‹ (Bd. 14987). Für sein Werk wurde Robert Gernhardt mit zahlreichen Preisen ausgezeichnet, u. a. mit dem Deutschen Jugendliteraturpreis, dem Bertolt-Brecht-Preis, dem Erich Kästner-Preis und dem e. o. plauen-Preis. Zuletzt veröffentlichte Robert Gernhardt den Gedichtband ›Im Glück und anderswo‹. Über das Werk von Robert Gernhardt informiert der Band ›Alles über den Künstler‹ (Bd. 15769), herausgegeben von Lutz Hagestedt.

Robert J. Gernhardt
F. W. Bernstein

Besternte Ernte

Gedichte

Fischer Taschenbuch Verlag

4. Auflage: März 2003

Veröffentlicht im Fischer Taschenbuch Verlag
einem Unternehmen der S. Fischer Verlag GmbH,
Frankfurt am Main, Januar 1997

Lizenzausgabe mit freundlicher Genehmigung
von www.Zweitausendeins.de, Postfach, D-60381 Frankfurt am Main

Gesamtherstellung: Clausen & Bosse, Leck
Printed in Germany
ISBN-3-596-13229-0

Inhalt

Zu diesem Buch

Die folgenden Verse und Zeichnungen, Früchte gemeinsamen Dichtens und Zeichnens, entstanden während der letzten fünfzehn Jahre. Teils sind sie bisher unveröffentlicht, teils erschienen sie in der Beilage »Welt im Spiegel«, die wir, zusammen mit F. K. Waechter, 1964 ins Leben riefen und bis zum Januar 1976 allmonatlich gestalteten und betreuten.

Gemeinsames Dichten – das hat so weit geführt, daß sich der Irrglaube verbreiten konnte, F. W. Bernstein sei ein Pseudonym für Robert Gernhardt, oder umgekehrt, oder wir beide seien ein Dritter. Nichts davon stimmt. Um späteren Zeiten die Arbeit zu erleichtern, haben wir die Gedichte daher, so gut es ging, nach Verfassern geordnet.

So gut es ging – denn in einigen Fällen hat ein und dasselbe Gedicht uns beide zum Verfasser, und bei den Rotbart-Liedern gesellt sich ein leibhaftiger Dritter, eben F. K. Waechter, hinzu. Daß jedoch auch die anderen, einverfassrigen Gedichte den gleichen Geist atmen, unabhängig vom jeweiligen Autor, erklärt sich aus zwei Umständen; erstens dichten wir meistens zusammen, abends, wenn die Geräusche der Straße leiser und die Stimmen der Wirte lauter werden, und zweitens hat uns dasselbe Vorbild geprägt, ein Gedicht, das, in Schönschrift auf ein großes Schild gemalt, Anfang der sechziger Jahre Rummelplatzbesucher zum Schiffsschaukeln verleiten sollte:

Wie ein Pfeil fliegt
man daher,
als ob man selber
einer wär.

Göttingen, Ostern 1976
Robert Gernhardt / F. W. Bernstein

Deiner Frau gewidmet

Aussaat und Ernte

Gedichte und Zeichnungen

von Robert Gernhardt

»Viel schon ist getan,
mehr noch bleibt zu tun«,
sprach der Wasserhahn
zu dem Wasserhuhn.

Das Gleichnis

Wie wenn da einer, und er hielte
ein frühgereiftes Kind, das schielte,
hoch in den Himmel und er bäte:
»Du hörst jetzt auf den Namen Käthe!« –
Wär' dieser nicht dem Elch vergleichbar,
der tief im Sumpf und unerreichbar
nach Wurzeln, Halmen, Stauden sucht
und dabei stumm den Tag verflucht,
an dem er dieser Erde Licht...
Nein? Nicht vergleichbar? Na, dann nicht!

Kleines Lied

Bin ich auch arm
Bin ich doch dumm
Bin ich auch schief
Bin ich doch krumm
Bin ich auch blind
Bin ich doch taub
Bin ich auch Fleisch
Werd' ich doch Staub.

Häufig bin ich einsam ...

Oft bin ich allein ...

doch wenn ich verschwinde ...

werden Sie es sein ...

Ein Abschied

»Vater, lieber Vater mein,
willst du meine Mutter sein?«

Verlegen fährt sich
der Bub durch den Schopf
und schaut auf den Vater,
doch der schüttelt den Kopf,
blickt in das Licht,
das im Fenster sich bricht,
und spricht:

»Mein Kind, was du da von dir gibst,
klingt im Detail zwar allerliebst,
jedoch im großen Ganzen –«

Musik erklingt,
der Knabe winkt:
»Komm Vater, laß uns tanzen!«

Vier Stunden später. Leer ist der Saal.
Der Vater hat müde zum hohen Portal
die Schritte gelenkt
und denkt,
den Blick auf den schlafenden Buben gesenkt:

»Ich hab's erwogen, hab geschwankt,
hätt' gern erfüllt, was er verlangt,
es war nicht drin.
Was er wahrscheinlich erst begreift,
wenn er vom Knaben zum Weibe gereift,
leb wohl, Katrin!«

Und behutsam setzt er
das Kind in den Schnee
und geht in die Nacht,
die hereinbrechende…

Worte zu Bildern

Zu Pieter Breughels Bild »Bauernhochzeit«

Zum Schrein,
wie er die Fläche füllt,
die von Figuren überquillt,
von Leuten groß und klein –
zum Schrein!

Zu Leonardo da Vincis »Mona Lisa«

Zum Brüll'n,
wie manches lange Jahr
er vor der Leinwand tätig war,
anstatt sie zu zerknüll'n –
zum Brüll'n!

Zu Dürers Handzeichnungen

Zum Heul'n,
wie viele tausend Blatt
er blindlings vollgezeichnet hat
mit Männern, Frauen, Eul'n –
zum Heul'n!

Zu Erwin Krautnicks Gemälde »Meine Oma«

Gekonnt,
wie er die Oma bringt,
die bäuchlings »La Paloma« singt,
von letzten Strahlen übersonnt –
gekonnt!

Der Forscher

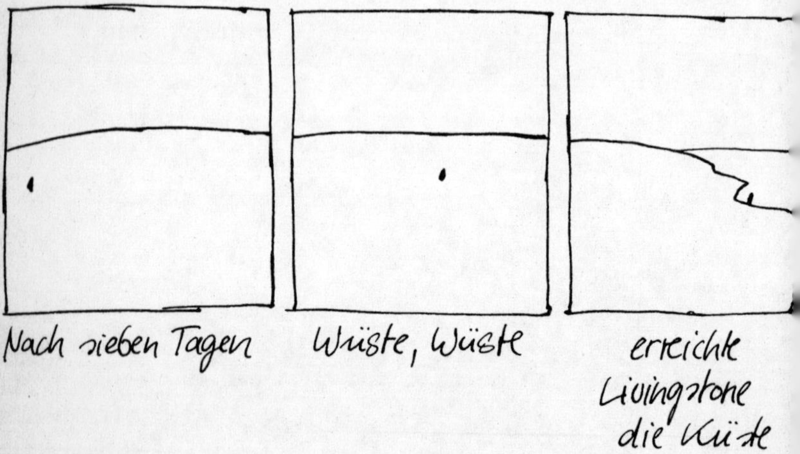

Der Abschiedsbrief des Weltumseglers Heinrich Heimaz an seine Nebenfrau

Liebe Erna, mach es gut,
im Kühlschrank liegt ein alter Hut,
den kannst du dir vielleicht kochen,
das reicht für ein paar Wochen.
Daneben steht noch etwas Eis,
das mach dir auf dem Ofen heiß,
würz es mit frischem Majoran,
tu zwei, drei Pfund Gemüse dran,
schmeck es mit Chili-Soße ab
und gieß es dann auf Puschls Grab.
Iß bitte auch vom Vollkornbrot
und mach den letzten Käse tot.
Zu guter Letzt ein kleiner Trost,
in der Wanne hat's noch Most,
ich aber bin jetzt lieber still,
weil ich die Welt umsegeln will,
In Liebe, Dein Weltumsegler Heinrich
Heimaz.

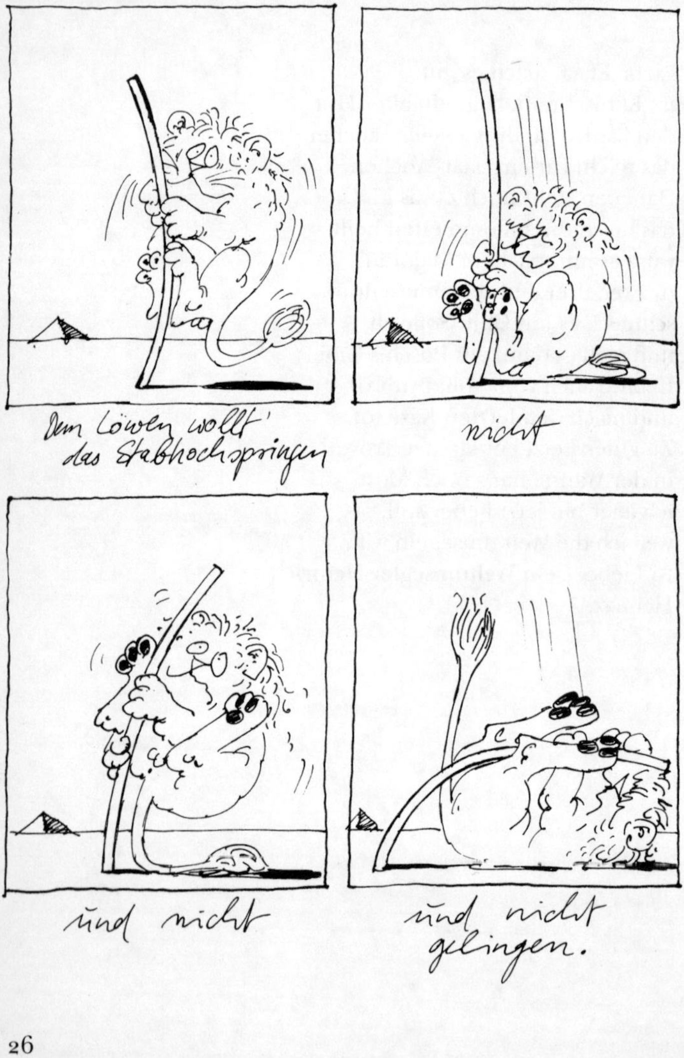
Dem Löwen wollt' das Stabhochspringen
nicht
und nicht
und nicht gelingen.

»Kinder, wie die Zeit vergeht!«

Fragment einer zeitkritischen Revue

CHOR: Kinder, wie die Zeit vergeht!
Wie eilig sich die Erde dreht!
Wie rasch der Bach zum Flusse fließt!
Wie schnell sich der ins Meer ergießt!
Wir alle finden keine Ruh –
Schnabbeldibabbeldibabdiduu!
VORSINGER: Wie spricht der Papst die Heil'gen heilig?
CHOR: Eilig, eilig!
VORSINGER: Und ist ein solches Tun verzeihlich?
CHOR: Freilich, freilich!
ALLE: Denn Tempo, Tempo,
ist das Gebot –
wer nicht hastet und hetzt,
der gilt schon als tot!
Bei den letzten Worten tritt ein als Direktor verkleideter Schauspieler auf die Bühne.
DIREKTOR: Verflucht, daß ich nur diesen Chor fand!
Ich suche dringend meinen Vorstand!
Denn heute winkt mir ein Geschäft,
und wenn der Vorstand jetzt verschläft,
dann gehen Geld und Zinsen
in die Binsen
CHOR: In die Binsen!
Von rechts kommt der Vorstand unausgeschlafen und unrasiert auf die Bühne. Einige Herren ziehen sich noch während des Auftritts an.
DIREKTOR: Na, ein bißchen dalli, meine Herren! Oder glauben Sie etwa, daß ich meine Zeit gestohlen habe?
VORSTANDSVORSITZENDER: Ja!
DIREKTOR: Meine Herr'n, das wollt ich wissen.
Nun sind Sie alle rausgeschmissen!
Der Vorstand tritt unter allen Anzeichen des Entsetzens ab.

VORSTANDSVORSITZENDER:
Mitleid, Herr Direktor bitte!
Mitleid lenke deine Schritte!
Meine Worte tun mir leid,
schuld dran war die Müdigkeit –
gestern blieb ich lange wach,
sah in den Karteien nach,
korrigierte die Bestände
und erwarb ein Schießgelände...
DIREKTOR: Ein Schießgelände – wo?
VORSTANDSVORSITZENDER: Direkt am Berner Zoo!
DIREKTOR: Na Mensch, das ist ja prima,
ich muß sofort nach Lima,
denn grad um dies Gelände
bemühn sich viele Hände.
In ihm verbirgt sich, wie ich weiß,
eine Quelle, die ist heiß.
Jetzt fehlt es nur an Rohren,
die gibt es in Peru,
und dann gehn wir an's Bohren
CHOR: Schnabbeldibabbeldibabdiduu!

Soweit das Fragment. Kurz sei noch der Fortgang der Handlung skizziert: Der Direktor fliegt mit seinem Vorstand nach Peru, wo seine unruhige Art den Peruanern jedoch derart auf die Nerven geht, daß sie die Verhandlungen um das Röhrengeschäft abbrechen und schreiend aus dem Zimmer laufen. Das Rennen macht denn auch der Konkurrent des Direktors, der sicher nicht zufällig Mr. A. Usgeglichen heißt.

Verbittert versucht der Direktor, es seinem Konkurrenten gleichzutun, ja, ihn an Ruhe und Ausgeglichenheit noch zu übertreffen. Diesen Vorsatz setzt er jedoch mit einem solchen Lärm in die Tat um, daß der Vorstand beschließt, den Direktor durch eine Gewaltkur zu heilen. Die Vorstandsmitglieder verkleiden sich als Hausiererweiblein und klingeln an der Tür des Direktors, um ihm einen Sack voll Ruhe zu verkaufen. Der Direktor fällt auf den Schwindel herein und tauscht sein Stammkapital an der Firma gegen den Sack ein. Als er ihn öffnet, ist er – leer. Darauf geben sich die Hausiererweiblein zu erkennen und entlassen den Direktor. Der jedoch fühlt sich das erste Mal in seinem Leben sorgenfrei und ausgeglichen und stimmt lachend in den Schlußchor mit ein: »Ruhe kann man sich nicht kaufen, darauf laßt uns einen schlucken!« In den Schlußwirbel mischt sich auch Mr. A. Usgeglichen, der sich als ein Herr Deus aus Machina entpuppt.

Drama in der Steppe

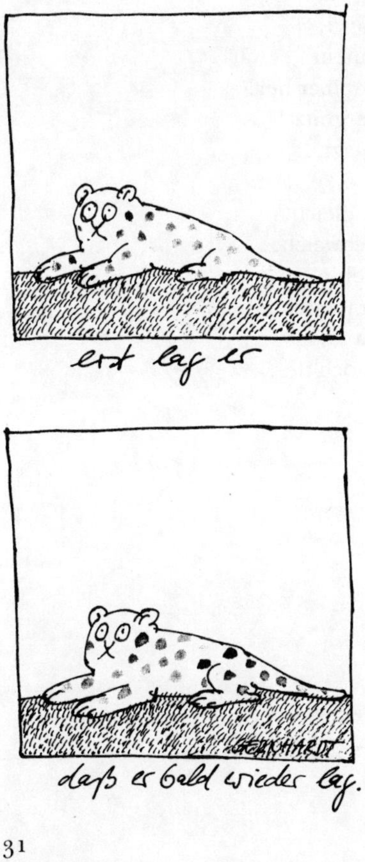
erst lag er
GERNHARDT
daß er bald wieder lag.

Wunsch und Wirklichkeit

Man müßte doch, man sollte mal,
zum Beispiel durch den Sitzungssaal
ganz pudelnackt, wie Gott uns schuf,
hindurchzieh'n und dann mit dem Ruf
»Jetzt ist's uns gleich! Jetzt ist's egal!« –
Man sollte doch, man müßte mal...

Man sollte mal, man müßte jetzt,
ist erst das Schamgefühl verletzt,
dann könnt' man doch, ich mein', es wär'
schön, wenn man schriee: »Weiber her!
Sonst sind wir unglaublich vergrätzt!« –
Man müßte mal, man sollte jetzt...

Man müßte doch, man sollte gleich,
und, wenn sie dann so pfirsichweich,
so ganz erwartend vor uns steh'n,
dann brüll'n: »Laßt ihr euch wieder geh'n?
Tut Buße! Dirnen! Auf die Knie!«
Man müßte mal – und tut's doch nie...

Greifen Sie zu!

Auf diesem Bild sieht man
ein Bier

auf diesem sind es
bereits vier

auf diesem sind es
Stücker acht

und hier wird noch
ein Naps gebracht.

Zoo-Impressionen

Wie traurig dieser Wolf
in dem Gehege!
Wie schrecklich,
daß er steht!
Wie furchtbar,
wenn er läge!

Erdmännchen huschen
durch die Nacht,
mit schrillem Schrei
gen Osten.
Unstete Fahrt
gebt acht, gebt acht,
gleich rauscht ihr
an den Pfosten!

Verrat, Verrat,
ein Loch im Draht!
Und da schon wieder eines!
Zur Hilf! Herbei!
Gleich sind sie frei,
die Graugans und ihr Kleines!

Am Pferch steht »Zebu«.
In dem Pferch,
da steht ein Rind, ein weißes.
Das mag ich nicht.
Das nächste Mal
lock ich es an und beiß es.

Brüllt nur, Löwen,
fletscht die Zähne!
Faucht nur,
schüttelt eure Mähne!
Macht nur weiter so,
ihr schafft es
und bekommt was Raubtierhaftes.

Ach Kronenkranich, plärr nicht so!
Du bist doch nicht allein im Zoo!

Ein Stranddueтt

ANNA: Wind umfächelt unsre Leiber,
doch wo ist mein Kugelschreiber?
BELLA: Ist er weg? Kann ich dir helfen?
ANNA: Möglich. Hör: Das Ding war elfen
beinern teils, teils rot,
länglich wie ein Sechspfundbrot –
BELLA: So ein Otto? Du – sag bloß…
ANNA: Ja, das Ding war riesengroß,
maß gut einen halben Meter…
BELLA: Sooo ein Johnny?
ANNA: Stimmt. Der Peter
schenkte ihn mir in Davos,
damals war der Teufel los –

BELLA: Aber heut steh'n wir am Meer –
ANNA: Darum muß der Schreiber her,
sonst geh'n unsre Urlaubsgrüße
BELLA: In die Hüse …
ANNA: Hüse?
BEIDE: Hose!

Der Untergang von Halberstadt

Durch Halberstadt eilt ein Geschrei,
die Bürgerschaft rennt schnell herbei.
Was geht da vor?

Die Wasserwaage ist kaputt,
und in den Wannen steigt die Flut.
Wie soll das enden?

»Ihr lieben Bürger, hört mich an,
nur eines uns noch retten kann!«
Wer ist der Redner?

Des Bürgermeisters Töchterlein,
kein andrer kann so lauthals schrein.
Weiß sie die Rettung?

»Bringt mir ein ausgewachs'nes Kalb
und fragt mich nicht Wieso? Weshalb?«
Schon steht es vor ihr.

»Dies Kalb soll ausgewachsen sein?
Das ist entschieden viel zu klein!«
Schon bringt man das nächste.

»Mein Gott, bald trifft uns unser Los,
auch dies ist nicht genügend groß.«
Da kommt schon das dritte.

Ein Kalb, das in die Wolken reicht
und dessen Rist die Sterne streicht –
bringt es die Rettung?

»Maria, welch ein Riesentier!
Ich fürchte mich! Nur weg von hier!«
So schreit die Jungfrau.

Und schaudernd jagt sie querfeldein
und alle Bürger hinterdrein.
Leer ist das Städtchen.

Das Wasser steigt, das Wasser quillt,
bald ist die ganze Stadt erfüllt
von lautem Brausen.

Die Wasserwaage und den Dom
ergreift der Fluten wilder Strom,
um nur zwei Beispiele zu nennen.

Doch da! Horch auf! Ein Horn erklingt!
Ein Reiter durch die Wellen springt!
Was soll denn das schon wieder?

»Wo bist du, Ilse?« schreit er laut.
»Wo bist du bleiche, schöne Braut?«
Ja, wo ist sie?

Das ist des Reiters letztes Wort,
ein Wirbelsturm, der reißt ihn fort
nach Burgdorf an der Iller.

Von Halberstadt ist nichts zu sehn.
Das Wasser fließt, die Winde weh'n –
ist alles ausgestorben?

Nein. Aus den Wellen ragt ein Kalb,
das Aug so weh, das Fell so falb –
sprich nur, was hast du?

»Ich trage schuld an all dem Leid.
Ich trat die Wasserwaage breit.
Jetzt will ich sühnen.«

Und damit schläft es stehend ein,
trotz Sturmgebraus und Möwenschrei'n.
Wie friedlich es aussieht!

Wer dieses Lied gedichtet hat?
Ein Jäger war's aus Halberstadt.
Doch das nur am Rande.

Die Brückemaler
Drei Dialoge

»Grüß Gott, mein lieber Heckel,[1]
was hab'n Sie da im Säckel?«
»Im Säckel, lieber Mueller,[2]
da steckt mein Lieblingsfüller!«

»Sag'n Sie mal, Herr Pechstein,[3]
dies Braun da soll ein Blech sein?«
»Jawohl, ein Blech, Herr Nolde,[4]
war, was ich malen wollte.«

»Hör'n Sie mal Herr Schmidt,[5]
als ich durch Rottluff ritt« –
»Was war da, lieber Kirchner?«[6]
»Da traf ich Georg Birchner.«[7]

1 Erich Heckel, 1883–1970.
2 Otto Mueller, 1884–1930, auch »Zigeuner-Müller« genannt.
3 Max Pechstein, 1881–1955.
4 Emil Nolde, eigentlich Hansen, 1867–1965.
5 Karl Schmidt-Rottluff, eigentlich Schmidt, geboren in Rottluff bei Chemnitz, 1884–1976.
6 Ernst Ludwig Kirchner, 1880–1938.
7 Hier irrt Kirchner. Er meint wohl Georg Büchner, 1813–1837, den er jedoch kaum in Rottluff gesehen haben kann. Möglicherweise liegt eine Verwechslung mit Georg Thomalla, Schauspieler, 1913, vor.

Gebet

Lieber Gott, nimm es hin,
daß ich was Besond're bin.
Und gib ruhig einmal zu,
daß ich klüger bin als du.
Preise künftig meinen Namen,
denn sonst setzt es etwas. Amen.

Das Opfer

Der Biber übte sich halblahm

bis er ins Orchester kam.

Kurzes Wiedersehn auf dem Flughafen

»Mensch Erwin! Lange nicht gesehn'n!
Wie geht's?« »Mein Gott, wie soll's schon geh'n –
man schlägt sich durch als Aufsichtsrat,
der auch sein Teil zu tragen hat.«

»Du Aufsichtsrat? Mach mal 'nen Punkt!
Ich denke, du bist Forstadjunkt!?«
»Das war ich, lieber Werner, war ich,
doch diese Zeiten waren haarig:

Frühmorgens, wenn die Hähne krähten,
mußt' ich schon mit den Hasen beten,
kaum daß die Zeit zum Frühstück reichte,
kam drauf der Dachs zur Ohrenbeichte,

war die vorbei, da war auch schon
bei Igels heil'ge Kommunion,
und damit war's noch nicht genug...«
»Du, Erwin...« »Ja?« »Ich glaub', mein Flug...«

»Klar, Werner. Tschüs. Ach ja, was macht...«
»Marie? Die hab' ich weggebracht.
Und zwar nach – Mensch, ich muß jetzt geh'n!«
»Tschau, Werner!« »Erwin! Wiederseh'n!«

»Du Heiner...« »Ja?« »Mir fällt grad ein,
ich wäre gern ein Warzenschwein!«
»Ein Warzenschwein? Mein liebes Kind...«
»Nein Heiner, diese Schweine sind

für mich der Inbegriff des Schweins:
Mit sich und mit dem Kosmos eins,
so streifen sie durchs Unterholz.
Ihr Herz ist gut, ihr Wesen stolz,

ihr Auge schaut so klar und rein –
ach wär ich nur –« »Ein Warzenschwein?«
»Ja, Heiner, ja und nochmals ja!
Jedoch...« »Jedoch?« »Seit ich mal sah,

wie diese Tiere wirklich sind,
voll Warzen und den Kopf voll Grind,
steht für mich fest, ich wäre lieber...«
»Kein Warzenschwein?« »O nein. Ein Biber!«

»Hochwürden…« »Ja, mein Kind, was ist?«
»Ich habe heut den Papst geküßt.«
»Den Papst?« »Jawohl, den Papst aus Rom.
Wir gingen durch den Petersdom,

da sprach er seltsam aufgeregt:
›Hat dich schon jemand flachgelegt?‹«
»Sprich weiter, Kind...« »Ich sagte ›Nein‹,
da schrie der Papst: ›Wer war das Schwein?‹

Ich sagte: ›Niemand!‹ Darauf er:
›Aha... Soso... Ist klar... Ach der!
Der hat mir grade noch gefehlt...‹«
»Und dann?« »Dann schwieg er erst gequält...«

»Und dann, mein Kind?« »Dann sah er starr
auf meinen Mund, der rötlich war,
und voller Zähne, wie Ihr wißt...«
»Und dann?« »Dann hab ich ihn geküßt...«

»Du hast den Papst?« »Ich habe ihn.«
»Und er?« »Hat wie am Spieß geschrien...«
»Na immerhin. Ein schwacher Trost.«
»Zum Wohl, Hochwürden!« »Mädel, prost!«

Warum war Herr Schlegel so kregel?
Drei Versuche einer Antwort

1. Versuch

Herrn Schlegel war, als ob wer riefe,
und zwar die Worte »Briefe, Briefe!«.
Worauf er aus der Haustür ging,
woselbst er einen Brief empfing,
den er in einem Zug erbrach,
womit er völlig richtig lag.
Denn in dem Brief schrieb ihm Herr Fichte:
»Ich schick Dir heut' noch meine Nichte,
die sollst Du, mag sie noch so maulen,
an drei verschied'nen Stellen kraulen.
Dafür erhältst Du 50 Mark,
mein guter Freund, ich hoffe stark« –
In diesem Tonfall ging es weiter,
das stimmte den Herrn Schlegel heiter.

2. Versuch

Herr Schlegel liebte es, sich Zahlen
und Ziffern auf das Bein zu malen,
das er dann en passant entblößte,
was stets ein Streitgespräch auslöste.
So lobte Goethe diese Sitte,
im Gegensatz zu Schiller, Dritte
enthielten sich der Stellungnahmen,
und andre, vorzugsweise Damen,
betasteten mit flinken Händen
die Zahlen auf des Dichters Lenden,
so daß Herr Schlegel Jahr um Jahr
der Mittelpunkt der Feiern war.

3. Versuch

Herr Schlegel kam – aus welchem Grund
auch immer – einst nach Öresund,
fand dort sehr schnell ein Bierlokal
und sprach zu sich: »Na schau'n wir mal,
ob unser alter Freund Novalis
nicht ebenfalls in diesem Saal is'!«
Und richtig! Denn wer stand am Tresen?
Na das ist ein Hallo gewesen!
War das ein Jubeln, das ein Winken,
ein Schwatzen, Scherzen, Jauchzen, Trinken –
sogar die kühlen Dänen staunten
beim Anblick dieser Gutgelaunten.

Volkslied

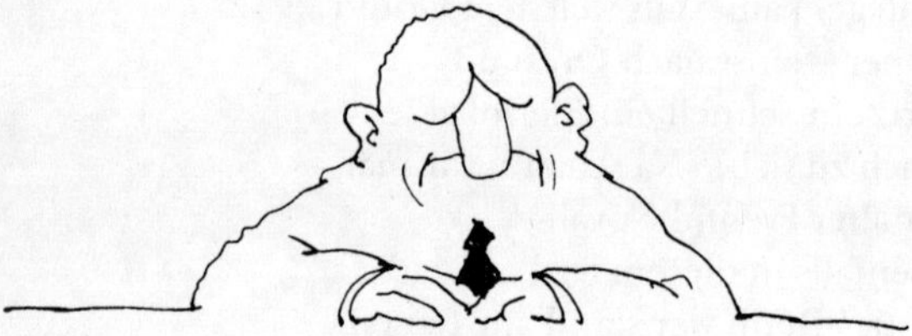

Froh zu sein

bedarf es wenig

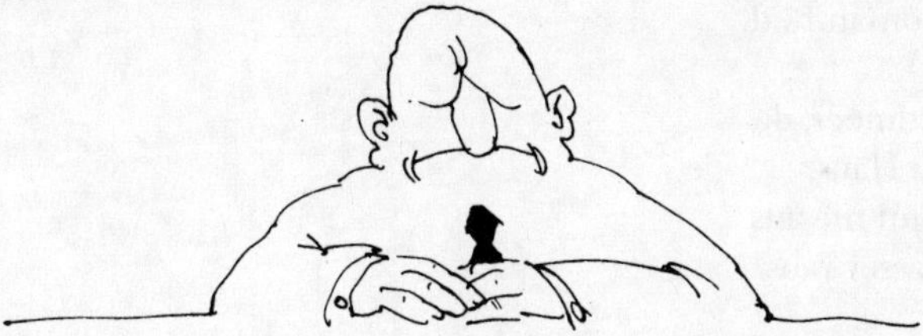

und wer froh ist

ist ein König

Dreh es, o Seele

Die Stirn so feucht,
das Aug so fahl,
so kenn ich ihn,
den Grönlandwal.

Im Nordmeer, da
ist er zu Haus,
er kommt nie aus
dem Wasser raus.

Und holt man ihn,
so sagt er knapp:
»Ihr schaufelt mir
das trock'ne Grab.«

Das Meer ist tief,
die Welt ist schlecht,
wie ihr's auch dreht –
der Wal hat recht.

Ein Schüttelreim[1]

»Ich will Gerlinde Stanken[2] frei'n!«
sprach wütend Graf von Frankenstein.
»Darum brauch ich den Krankenschein,
sonst reiß ich alle Schrankenk[3] ein!«

1 Mit Fußnoten
2 Gerlinde Stanken: die Tochter Ludwig Stankens
3 Schrankenk: volkstümlich für Schranken

Die Haare so struppig, die Ohren so rot –

ist das nicht Herr Nietzsche?

Ach so… Tschuldigung…

Ballade vom Gemach

Am Hof von Jekaterinenburg,
da gab es ein Gemach,
drin ging der Fürst Trubetzkoy
seinen Gelüsten nach, juchhei,
seinen Gelüsten nach.

Im Zimmer stand ein Spiegel
und eine kleine Bank,
darunter saß ein Igel,
der war zwei Meter lang, bestimmt,
der war zwei Meter lang.

Die Wände war'n aus Marmor
mit kleinen Löchlein drin.
Und wer die Löchlein prüfte,
erriet gleich ihren Sinn, auf Ehr,
erriet gleich ihren Sinn.

Dann gab es noch ein Becken,
das weich gepolstert war,
zu ganz bestimmten Zwecken,
drin konnt man wunderbar, ihr wißt,
drin konnt man wunderbar!

Das allerschärfste aber
vom ganzen Mobiliar
war jener Kandelaber,
der ganz aus Seife war, o Gott,
der ganz aus Seife war.

Das Zimmer war verhangen
bei Tag und auch bei Nacht,
damit kein Mensch erspähe,
was drin der Fürst grad macht, versteht,
was drin der Fürst grad macht.

Das reizte ein Freifräulein,
ein unerfahren Ding,
die wollte gerne wissen,
was da wohl vor sich ging, mon dieu,
was da wohl vor sich ging.

Beim Ball, da stahl sie listig
des Fürsten Schlüsselbund
und lief damit zum Zimmer
noch in derselben Stund, so war's,
noch in derselben Stund.

Der Fürst, nur wenig später,
entdeckte den Verlust,
und wer dahinter steckte,
hat er sogleich gewußt, sofort,
hat er sogleich gewußt.

So eilig, wie er konnte,
lief er zu dem Gemach,
wo grade jenes Fräulein
das gold'ne Schloß erbrach, begreift!
das gold'ne Schloß erbrach.

»Mein Fräulein, ihr wollt wissen,
was mag im Zimmer sein?«
sprach er mit falschem Lächeln,
»So tretet doch herein, mein Kind,
so tretet doch herein!«

Nichts half dem armen Mädchen,
sie mußte ins Gemach.
Und zitternd vor Erregung
schritt rasch der Fürst ihr nach, potzblitz,
schritt rasch der Fürst ihr nach.

Erst morgens in der Frühe
ließ er sie wieder geh'n,
sie tat es nur mit Mühe,
sie konnte kaum noch steh'n, wie das?
sie konnte kaum noch steh'n.

Die Schultern voller Seife,
den Hals so seltsam krumm,
den Rücken voller Stacheln,
so schleppte sie sich stumm ins Bett,
so schleppte sie sich stumm.

Doch wer sie einmal fragte
»Wie war's?«, dann schwieg sie matt,
nur's Strahlen ihrer Augen
verriet, wie's ihr gefallen, hört!
wie's ihr gefallen hat.

Seit dieser Nacht da lief sie
stets Fürst Trubetzkoy nach.
Doch wie sie's auch versuchte,
sie kam nicht ins Gemach, nie mehr,
kam nie mehr ins Gemach.

Saß nur noch vor der Türe
und lauschte weh und bang
dem seltsam schönen Schnaufen,
das aus dem Zimmer drang, so süß,
das aus dem Zimmer drang.

Wenn drinnen vor dem Spiegel
wohl an dem Beckenrand
der Fürst oder der Igel
eins von den Löchlein fand, wer weiß,
eins von den Löchlein fand.

Vielleicht war's auch ganz anders.
Drum schweig ich lieber still.
Weil niemand, der darin war,
etwas verraten will, kein Wort,
drum bin ich lieber stumm, was soll's?
drum bin ich endlich still.

Kleine Erlebnisse großer Männer

Kant

Eines Tages geschah es Kant,
daß er keine Worte fand.

Stundenlang hielt er den Mund,
und er schwieg – nicht ohne Grund.

Ihm fiel absolut nichts ein,
drum ließ er das Sprechen sein.

Erst als man zum Essen rief,
wurd' er wieder kreativ,

und er sprach die schönen Worte:
»Gibt es hinterher noch Torte?«

Bismarck

Als Bismarck eines Nachts erwachte,
da stand ein Hund auf seinem Bett,
und als er den entgeistert fragte,
was er auf ihm zu suchen hätt',
da sprach der Hund, er hab sich in der Tür,
es tät ihm leid, er könne nichts dafür,
da hab' er sich – und nun schwieg er verwirrt –
»Geirrt«, ergänzte Bismarck barsch, »geirrt!«

Steiner

Steiner sprach zu Thomas Mann:
»Zieh dir mal dies Leibchen an!«
Darauf sagte Mann zu Steiner:
»Hast du 's auch 'ne Nummer kleiner?«

Kafka sprach zu Rudolf Steiner:
»Von euch Jungs versteht mich keiner!«
Darauf sagte Steiner: »Franz,
ich versteh dich voll und ganz!«

Steiner sprach zu Hermann Hesse:
»Nenn' mir sieben Alpenpässe!«
Darauf fragte Hesse Steiner:
»Sag mal Rudolf, reicht nicht einer?«

Nach dem 12. Biere ...

… ähneln sich alle Tiere.

Pomm Fritz
Ein humoristischer Gedichtzyklus

1

Pomm Fritz gab seinen LebensLAUF
schon um die Mitte vierzig auf.
Begründend dies sprach er: »Ich steh
mehr auf 'nem geruhsamen LebensGEH.«

2

Pomm Fritz sammelt RINGELnattern,
wo er sie nur kann ergattern.
Dann entfernt er gar nicht pingel-
ig die ganzen Ringel,
läßt die Nattern nackend hocken,
macht aus jenen Ringeln Socken,
nennt sie RINGELSOCKEN drum
und verdient sich dumm und krumm.

3

Pomm Fritz sieht an einem Brunnen
einen nachdenklichen HUNNEN.
Lockend tut das Wasser winken,
gerne würd' der Hunne trinken,
doch da ihm der Becher fehlt,
schweigt das Schlitzaug erst gequält,
bis er plötzlich lauthals lacht
und es wie ein Hündchen macht.
Dann, nach langem Schlappschlappschlapp,
reitet er gen Osten ab.
Pomm Fritz jedoch bemerkt als guter Christ:
»Ein ›HUNNENEINFALL‹, der zu loben ist.«

4
Pomm Fritz trat einst einer Fee
voll Rohr auf den großen ZEH.
Seitdem trägt sie den Fuß, den steifen
geschmückt mit einem ZEHBRAstreifen.

Reitergedicht

»Sag mal, Reiter!« »Ja, was ist?«
»Wie kommt's, daß du alleine bist?
Wo ist dein Pferd?«

»Ja, das ist so…« »Verrat es nur!«
»Der Gaul macht grad das Abitur –«
»Auch nicht verkehrt.«

Der Kragenbär
der holt sich
munter
einen nach
dem andern
runter

Animalerotica

Der NASENBÄR sprach zu der Bärin:
»Ich will dich jetzt was Schönes lehren!«
Worauf er ihr ins Weiche griff
und dazu »La Paloma« pfiff.

Die DÄCHSIN sprach zum Dachsen:
»Mann, bist du gut gewachsen!«
Der Dachs, der lächelte verhalten,
denn er hielt nichts von seiner Alten.

Der Förster, der grad Möhren dörrte
und dabei ein Röhren hörte,
sprach: »Wer den HIRSCH beim Röhren stört,
der eben in den Föhren röhrt,
dem schlag ich meine Möhren
achtkantig um die Ohren.«

Der BÄR schaut seinen Ziesemann
nie ohne stille Demut an.

Der MOPS hat seinen Zeugungstrieb
ganz schrecklich gern und furchtbar lieb.

Das Vorspiel nahm den HENGST so mit,
daß er geschwächt zu Boden glitt.

Der WAL vollzieht den Liebesakt
zumeist im Wasser. Und stets nackt.

Zur Nachtzeit faßt der KORMORAN
zu gern die Kormoranin an,
die dieses, wenn auch ungern, duldet,
da sie ihm zwei Mark fünfzig schuldet.

Der HABICHT fraß die Wanderratte,
nachdem er sie geschändet hatte.

Der PELIKAN steht wie gelähmt,
nie hat ihn jemand so beschämt,
wie jener feiste Kolibri,
der ihn des Pubertierens zieh.

In Köln, da können sich die DOHLEN
selbst auf dem Dom ein Liebchen holen.

Zum Adler sprach die GABELWEIHE,
daß sie auf seinen Nabel speie,
nähm' er nicht sofort seinen Schnabel
aus ihrer frischgekämmten Gabel.

Im Kurbordell von Königstein
ist jeden Samstag Tanz.
Dort treten sieben MÄUSCHEN
ohn' Unterlaß und Päuschen
der Katze auf den Schwaha
der Katze auf den Schwanz.

Ich über mich

Ich weiß…

Ich weiß ein Blümlein rosenrot
besetzt mit grünen Blättchen,
ich roll es gern in eitel Samt
und rauch's als Zigarettchen –
Das
gibt mir derartig den Rest,
daß es sich nicht beschreiben läßt.

Ich sprach…

Ich sprach nachts: Es werde Licht!
Aber heller wurd es nicht.

Ich sprach: Wasser werde Wein!
Doch das Wasser ließ dies sein.

Ich sprach: Lahmer, du kannst geh'n!
Doch er blieb auf Krücken stehn.

Da ward auch dem Dümmsten klar,
daß ich nicht der Heiland war.

Was ich…

Was ich noch zu sagen habe,
steht auf einem andern Blatt.
Öffnet es an meinem Grabe,
wenn man mich beerdigt hat.

Bitte, öffnet es nicht früher.
Öffnet es erst, wenn ich sterbe.
Denn bis dahin soll geheim sein,
wem ich Helgoland vererbe.

Reiselust

Hier
verreist
Heinrich v. Kleist
Bin verreist!
Heinrich v. Kleist

Dialog zwischen dem Dichter und Stralsund

DICHTER: Hafenstadt im Abendlicht!
STRALSUND (liegt still da und rührt sich nicht)
DICHTER: Perle an der Ostsee Strand!
STRALSUND (denkt): Halt doch den Rand!
DICHTER: Niemals will ich von dir lassen!
STRALSUND (brummelt): Nicht zu fassen!
DICHTER: Ich erkläre frei und frank…
STRALSUND (schreit): Mach mich nicht krank!
DICHTER: Gott, ist diese Stadt nervös!
STRALSUND (schweigt und schaut nur bös)
DICHTER (lacht beim Weggang schrill)
STRALSUND (übergibt sich still)

Nachricht über den Mops

der Mops
das
Bellen.
BLAFF,
BLAFF
BLAFF...
GERNHARDT.

Anno 24

1924. Über Deutschland lastet der Reimzwang. Reimzwingherrn sorgen dafür, daß er unerbittlich eingehalten wird. Da treffen sich auf einer der belebten Straßen der Kölner Innenstadt Harry und Ulla…

SIE: Sag mal, Schatz, wie kommt die Rose
eigentlich an deine Hose?
ER: Hör mal, Liebling, sei so nett,
sag nicht Hose zum Jackett!
SIE: Also gut, wie kommt der Anker
eigentlich an deinen Janker?
ER: Dieser Anker ist 'ne Rose!
SIE: Und was sucht sie auf der Hose?
ER: Diese Hose ist ein Janker!
SIE: Und was soll dann dieser Anker?
ER: Eine Rose ist kein Anker!
SIE: Eine Hose ist kein Janker!
ER: Gottseidank, das klärt die Lage –
SIE: Bleibt nur eine letzte Frage –
ER: Eine Frage – bitte ja?
SIE: Du – was haben wir denn da?
ER: Schatz, du siehst doch, eine Rose!
SIE: Und wie kommt die an die –
ER: Halt! Das mach ich nicht länger mit!
SIE: Ich auch nicht!

Beide ziehen mit den Worten »Nieder mit dem Reimzwang« durch die belebten Straßen der Kölner Innenstadt. Begeistert schließen sich die Volksmassen ihnen an. Vereinzelte Rufe, wie »Der Reim muß bleim«, erstickt man im Keim. Die Reimzwingherrn flieh'n, man läßt sie zieh'n. Der Siegeszug der Prosa beginnt, und wer das nicht glaubt, der spinnt.

Vergebliches Vorhaben

Ich schrieb' so gern ein Berggedicht
mit Pauken und Trompeten,
von Gletschern, Klamm und Firnenlicht
und der vom Wind verwehten
Bergbäurin, die ich einmal traf,
als sie die Jodler säugte,
die Erwin, der Lawinengraf,
nachts auf den Almen zeugte,
dann, wenn die Gräfin wie gewohnt
das Matterhorn bemalte,
indes ein weit entfernter Mond
sein fahles Licht verstrahlte –
das alles schrieb ich gerne hin,
doch muß ich's leider lassen.
In Worten gäb das keinen Sinn;
wie sagt man doch im Engadin? –:
»'s ischt vérbal nicht zu fassen«.

Nein, diese Katzen!

Die Katze hatte Gott versucht …

… und wurde drum von ihm verflucht.

»Ruhe! Schluß jetzt mit dem Beten!
Auf zum Einsatz! Weggetreten!«

»Vorwärts Leute, heut geht's ran!
Heute kriegen wir den Mann!«

»Neonlicht an Himbeergeist:
Unser Mann ist eingekreist!«

»Himbeergeist an Neonlicht:
Dieses Schwein entkommt uns nicht!«

»Hast du ihn schon im Visier?«
»Alles klar, jetzt stirbt das Tier!«

»Hallo, Leute! Auf ein Wort:
Schießt nicht, es wär glatter Mord!«

»Warum drehst du dich denn um?«
»Was er sagte, klang nicht dumm!«

»Himbeergeist an Neonlicht:
Tut uns leid, wir morden nicht!«

»Neonlicht an alle andern:
Leute, laßt uns heimwärts wandern!«

»Also gut, wenn es sein muß:
Kehrt und marsch, Gewehr bei Fuß!«

»Männer, ach, ihr seid schon da?
Das ging rasch. Hipp, hipp –« »Hurrah!«

Lehrmeisterin Natur

Vom Efeu können wir viel lernen:
er ist sehr grün und läuft spitz aus.
Er rankt rasch, und er ist vom Haus,
an dem er wächst, schwer zu entfernen.

Was uns der Efeu lehrt? Ich will es so umschreiben:
Das Grünsein lehrt er uns. Das rasche Ranken.
Den spitzen Auslauf und, um den Gedanken
noch abzurunden: auch das Haftenbleiben.

wo dieser Strich
zuende
ist,
da wartet
schon
der Antichrist

Bekenntnis

Ich leide an Versagensangst,
besonders, wenn ich dichte.
Die Angst, die machte mir bereits
manch schönen Reim zuschanden.

Heimat und Welt

Gedichte und Zeichnungen

von F. W. Bernstein

Horch – ein Schrank geht durch die Nacht,
voll mit nassen Hemden …
den hab ich mir ausgedacht,
um Euch zu befremden.

Warnung an alle

In mir erwacht das Tier,
es ähnelt einem Stier.
Das ist ja gar nicht wahr,
in mir sind Tiere rar.

In mir ist's nicht geheuer,
da schläft ein Zuckerstreuer.
Und wenn *der* mal erwacht,
dann Gute Nacht!

Ode an einen Hammer

O du Werkzeug,
mit dem man klopft,
einschlägt,
zerteppert –,
du Instrument
des Aufbaus
und des Abbaus,
je
nachdem –,
man kann dich
zu Kriegszwecken
benutzen,
aber auch
zu Werken des Friedens.
Letzteres will ich loben.
Doch das mit
den
Kriegszwecken:
Hammer!
Das
will mir gar nicht gefallen!

»Seit langer Zeit schon ahn' isch es:
er hat so was Japanisches!«

»Nein, guter Freund, hier les' isch es,
er hab' so was Chinesisches...«

Der Untergang des Steuermannes Karl Bunkel

Karl Bunkel geht – sein Kopf tut weh –
den Rucksack voller Sprit
zur letzten Fahrt auf hohe See.
und Freund Hein fährt mit.

Hinter ihm, am Horizont,
weit entfernt und blau
steht sein Haus und ist bewohnt
von der Steuerfrau,

vor ihm aber dehnt das Meer
sich in weite Ferne,
das mag unser Bunkel sehr,
und er hat's auch gerne,

wenn der Kapitän ihm sagt:
»Bunkel! Hoch die Tassen!
Prost auf das, was uns behagt!
Alle Mann zum Brassen!«

Sturm kommt auf, die Zeit vergeht,
es zieht, und alle trinken,
der Käpt'n grölt ein Stoßgebet:
»Du lieber Gott, wir sinken!

Bunkel wankt ans Steuerrad,
schaut aufs Barometer.
»Minus Hunderttausend Grad!«
schreit er, und dann geht er

wie ein Panzer über Bord
und ist gleich ertrunken.
Kaum war er zwei Stunden fort,
ist das Schiff gesunken.

Doch die Steuerfrau zu Haus
sieht zur selben Stunde
plötzlich die Klabautermaus
mit dem Mann im Munde.

Später las sie, wie es war,
in der Seemannszeitung,
denn dort stand ein Kommentar
der Marineleitung:

»Tiefbewegt und tränenblind
kam uns jetzt zu Ohren:
Bunkel sank bei starkem Wind
nördlich der Azoren.«

Ursache und Wirkung

da geht er fort
und wird ganz
klein;
kaum ist er weg -
hörts auf zu
schnei'n!

Die Weissagung

Hans und Gretel, meine Söhne,
hört, was mir heut eine schöne
Fee geweissagt hat:

»Du zwei Söhne. Sie besiegen
Schweinehund und viel hoch fliegen
mit groß Apparat.«

Doch wie ich euch hier so sehe,
mein' ich, daß – wie ich 's auch drehe –
sich die Fee vertat.

Durchsage

Zu Mannheim stand ein Automat
um die Jahrhundertwende,
der jeden an das Schienbein trat,
der dafür zahlte. Ende.

Chefs Ende

Als einmal der Vorgesetzte
sich am Nasenbein verletzte,
rief er durch den Großbetrieb:
»Helft mir doch – ich hab euch lieb!«

Schmerzen von dem hohen Herrn
sahen die Arbeiter gern;
und nur Karlchen war's, der sachte
ihn zur Leichenhalle brachte.

»Aber ja, es ist ein Jammer!«
Karlchen seufzt' und griff zum Hammer,
schloß dann leis die Türe zu,
Vorgesetzte brauchen Ruh.

Keiner hat den Chef vermißt,
keiner fragte, wo er ist,
Karlchen meinte: »Sei'n wir ehrlich,
dieser Chef, der war entbehrlich.«

Erste Szene mit Herrn H.

Herr Heinrich sitzt am Vogelherd
und brät sich einen Specht.

Sein Hund, der ihm gefolgt, macht kehrt,
ihm wird von so was schlecht.

Aus einer Pferdeoper

Was dort auf der Wiese läuft
und sich gleich am Bier besäuft,
das sind keine Pferde.

Was dort in den Hecken liegt
und sich in die Haare kriegt,
das sind auch keine Pferde.

Das dort, hinterm Goethehaus,
sieht's nicht wie Gewieher aus?
Nein. Wieder keine Pferde.

Aber dort am Krapfenteich
ja, was ham wir denn da gleich?
Alles mögliche. Nur keine Pferde.

Halt! Gleich kommen sie hervor!
Dort! Aus jenem dunklen Tor!
Da!! Wieder nichts!

Himmel! Das ist doch zum Heulen!
Schaun wir noch rasch nach den Gäulen!
Halt einmal! Sind das nicht Pferde?
Natürlich! Ich glaube, ich werde
wahnsinnig! Gleich eine Herde!
(und jetzt alle):
Pferde... Pferde... Pferde... Pferde...
(Allmählich verklingen lassen. Ganz ruhig bleiben.)

Zweite Szene mit Herrn H.

Herr Heinrich kriegt hier einen Schreck:
sein Hund, der rührt sich nicht vom Fleck –

mit recht verworrenen Gebärden
will er nun Herr der Lage werden.

An die Mädchen dieser Welt

Das Haferkorn, das reift,
das Glied, das sich versteift,
die Leine, die sich löst,
die Frau, die sich entblößt –:

das sind vier Phänomene.
Warum ich sie erwähne?

Die ersten beiden Zeilen
sind, um euch aufzugeilen.
Die andern zwei? Der Rest?
Der macht *mich* scharf – verstehst?!

Dritte Szene mit Herrn H.

Herr Heinrich steht im Vordergrund,
sein Blick wird etwas glasig und

er glaubt, daß er auf diese Art
die Kosten für den Tierarzt spart.

Weinaxgedicht

Am Zweiten Weinaxfeiertag,
als ich grad im Schterben lag,
war im Flur ein großer Krach,
und der drang ins Schlafgemach.

Als ich dieses Lärmen hörte,
das mich so beim Schterben schtörte –
ich wäre eine dumme Sau,
schtürbe ich bei dem Radau,
bei so einem Heidenlärm
kann kein Schwein mehr ruhig schterm –

schtand ich auf und ging nach draußen,
sah dort meine Kinder zausen,
schlug ein Hühnerei entzwei,
briet mir draus ein Spiegelei
in der Küche, wo der Krach
nur noch schwach zur Tür reinbrach.

Derart wurd ich abgelenkt
und dem Leben neu geschenkt.
Dankbar aß ich noch ein Ei,
und dann kam der Tod herbei.

Als der sah, wie es mir schmeckte,
wie ich aß und nicht verreckte:
da legt' er seinen Hobel hin
und sagte mir Adjöh.

Vierte Szene mit Herrn H.

Herr Heinrich kramt am Hosenstall,
sein Hund rennt heim – er muß dort mal.

Der Hund hält ein in seinem Lauf,
Herr Heinrich kriegt den Knopf nicht auf.

Die Auskunft

Hör ich recht?
Bertolt Brecht?
Hier bei uns? In diesem Zimmer?
Nie und nimmer!

Gerhart Hauptmann?
Und das glaubt man?
Hier im Raum?
Nicht im Traum!

Gleich halt ich das nicht mehr aus!
Also jetzt auch noch Karl Kraus?
Hier im Haus?
Raus!

Nun ist gut, verstanden? Denn –
Wen denn nun noch? Gottfried Benn?
Ja, der ist
hier Lagerist...

(laut): Behenn! Besuch für dich!

Letzte Szene mit Herrn H.

Herr Heinrich nießt zum Fenster raus,

unten geht grad der Pabst.

Berthold Buntspecht spricht

Wir dürfen den Ast, auf dem wir sitzen, erst absägen, wenn wir fliegen können.

Ein Anruf

Herr Doktor – was wollt ich gleich sagen?
Ich rufe vom Freibad aus an;
ich leide seit einigen Tagen.
Sie werdens kaum glauben, woran!

Mich hat ein Mädchen verlassen.
Ich glaube, sie hieß Ivonn',
Herr Doktor – ich kanns noch nicht fassen!
So einfach auf und davon.

Jetzt habe ich nur noch sieben –
Herr Doktor, kennen Sie den?
Drei Förster beim Kegeln, sie schieben…
Was können Sie da nicht verstehn?

Ein Mädchen ist mir entlaufen.
Na hörn Sie! Das tut ganz schön weh!
Ich sollte ein Neues mir kaufen,
Herr Doktor – ob ich gleich mal geh?

Herr Doktor, ich wollte Sie fragen –
da draußen!, da will einer rein –
Sie müssen die Wahrheit mir sagen.
Es wird doch nichts Ernsthaftes sein?

Ich mach ja schon Schluß! Ja, was ist denn?
Der will was, Herr Doktor, Moment!
Da haben wir ja den Vermißten!
Schaust sehr gut aus, Rolf! Sakrament!

Herr Doktor – nein, nein! Nicht das Mädchen!
Mein Vater, mein Vater ist da!
Wir sehn uns! Bis bald! Gruß an Käthchen!
Es gibt gar kein Käthchen? Aha!

Das müssen Sie mir mal erzählen!
Bis dann dann! Ich hänge jetzt ein.
Ach Paps, was die Weiber uns quälen!
Du gehst mit ins Wasser? Au fein!

Zwei unterschiedliche Kopfbedeckungen

Herr Bolz hat eine Art von Hut,
die steht ihm wirklich nicht so gut.

Dagegen hat Herr Schütze
eine prima Mütze.

Schnell-Theater

Vorhang auf: man sieht zwei Frauen,
die sich fürchterlich verhauen.
Vorhang zu! Dies, wie gesagt,
war auch schon der erste Akt.

Vorhang auf: Zwei Kellner treten
auf und fangen an zu beten:
»Herr im Himmel, hilf uns, wir
suchen nach zwei Frauen hier.«
Worauf weiter nichts geschieht,
als daß man den Vorhang zieht.

Vorhang auf: wir sind im dritten
Akt, da wird fast nur gestritten;
mittendrin im schönsten Streit
tritt ein Geist hervor und schreit:
»Alle Mann auf den Balkon!«
Alles zetert, rennt und schon
kommt ein Kaiser, schließt die Ehen
paarweis, doch man kanns kaum sehen,
weil der Vorhang drüber fällt –
Ende. Beifall. Prima, gelt?

Du, hör zu

Paß gut auf

Paß gut auf, wenn Du ins Bett gehst,
daß Dich, wenn Du Dich zur Wand drehst,
jenes Fräulein nicht erschreckt,
das ich Dir hineingelegt.

Wer meinem Buben

Wer meinem Buben die Strumpfhosen klaut,
bestimme immer noch ich!
Der Karl darf es nicht! Mama ist zu laut...
O Leser, ich denke an Dich!

Ohne Rose, ohne

Ohne Rose, ohne Hemd
bist Du dir oft selber fremd,
doch in Sumpf und Mieder
kennst Du Dich dann wieder.

Ein starker Moment

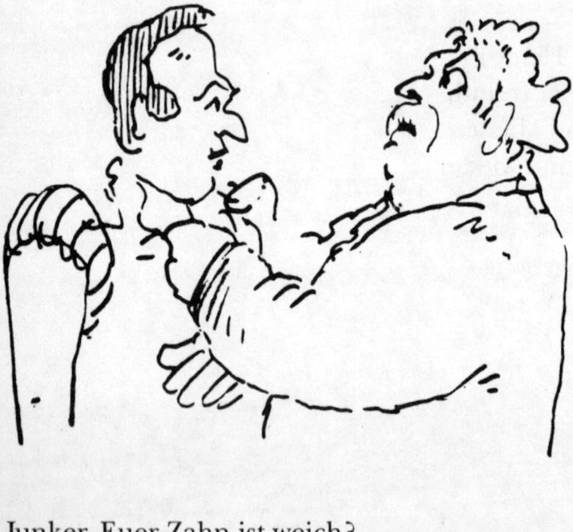

Junker, Euer Zahn ist weich?

Augenblick, das ham wir gleich…

Äh – das blieb Euch noch erspart –
Junker, Euer Zahn war hart!

Personalkontrolle

Name, Alter und Adresse:
Göte, fuffzich, Iserlohn.
Sie nicht! Halten Sie die Fresse!
Er da! Aufstehn! Sag er schon!

Kapuzinerkresse heiß ich.
Alter: Siebenhundert Jahr.
Husum, Windelstraße dreißig...
Mann, das ist doch gar nicht wahr!

Kann er uns nicht offen sagen,
wer er ist? Wie alt? Von wo?
Jetzt, wo Sie mich danach fragen,
bin ich Alfred Krupp und Co;

wohnhaft in endlosen Weiten
unsrer Steppe – ja, was ist?
Aber nein – wer will denn streiten?
ich sag *Dir* jetzt, wer *Du* bist:

Du bist König Heinrichs Neffe,
das, was von ihm übrigblieb.
Ach wie schön, daß ich Dich treffe,
Hände hoch, Du Hühnerdieb!

Weißt Du noch, wie die Husaren...
Halt! – Wo rennt der denn jetzt hin?
So wird er ja nie erfahren,
daß ich F. W. Bernstein bin.

Unwiderstehlich

Zwanzig Stückchen Käsebrot,
einunddreißig Veilchen
biet' ich Dir, Gevatter Tod,
verschon mich noch ein Weilchen.

Der Vorgang

Ein Stuhl!

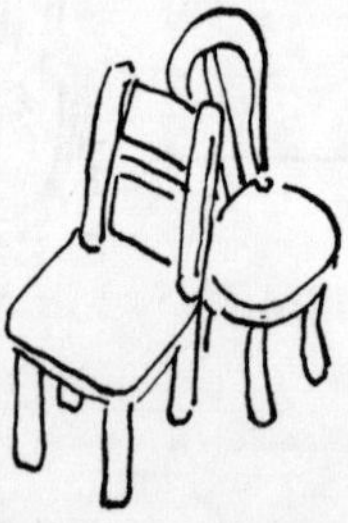

Noch einer!

Viele Stühle!

Donnerwetter!

Welch Gewühle!

Erforschter Lebenslauf

Da ist August Hermann Wolle,
und der spielte manche Rolle.
Nämlich erstens ist er Bauer,
und als solcher ist er sauer
auf das Ministerium;
andrerseits ist er Minister,
und als solcher einer ist er
bös auf Bauern wiederum.

Doch damit hats noch kein End,
das war ja nur ein Segment
aus Herrn Wolles Position,
(manchem Mann genügt das schon);
doch Herr Wolle, der will mehr,
bitte sehr:
Er spielt sonnabends Rechtsaußen
bei dem FC Brackelhausen.
Sonntags ist er Organist,
was er leider oft vergißt.
Letzteres führt zu Konflikten,
die den Wolle arg verstrickten,
denn der Pastor braucht Musik,
Wolle nicht – da kams zum Krieg.

Und sie fingen an zu kämpfen,
keiner konnt die beiden dämpfen,
und das alles, das kommt nur
von der Sozialstruktur.
Denn der Wolle hat viel Geld,
während es dem Pastor fehlt.

Wolle ist deshalb daneben
auch noch Pabst in Fallersleben,
und als solcher spricht er eilig
sämtliche Rechtsaußen heilig.
Doch als Chef vom Kinderchor
geht er selbst dagegen vor,
weil der Fußball kein Idol
für die Jugend werden soll.

Und er sitzt sich gegenüber:
da als Pabst, der immer trüber
auf sich selbst als Chorchef schaut,
der ihm die Sanktion versaut.

Wolle hat zu einem Teile
äußerst selten Langeweile,
grade dieses aber stört,
denn man findet's unerhört,
daß so einer wie der Wolle
sich in einer jeden Rolle
mit sich in die Haare kriegt.
Dieses Fehlverhalten wiegt
schlimmer als wie Raub und Mord,
Diebstahl, Totschlag und so fort.

Er konnt' machen, was er wollte,
stets war's so, daß man ihm grollte;
wie man sieht, kam so hienieden
Meister Wolle nie zum Frieden.
Ja am Ende trieb im Sarg
er es arg.

Denn er starb beim Mittagessen,
und das war – man kann's ermessen –
allzumal
ein Skandal.

Die Verwandtschaft schrie und tobte,
keinen gab es, der ihn lobte,
nur ein Bürstenfabrikant,
der den Borstenschrank erfand,
gab in Wolles Trauerhaus
einen Kasten Starkbier aus,
denn als Wolles rechte Hand
erbt' er tausend Morgen Land.

Szene einer Ehe

DER MANN: Mutter, horch: mein Brei brennt an!
DIE FRAU: Helmut, halt die Goschen!
DER MANN: Mutter, schnell, gib Wasser dran!
DIE FRAU: Gleich wirst Du verdroschen!
DER MANN: Mutter, Mutter! Sieh doch! Au –
Mütterchen, nicht schießen!
DIE FRAU: Helmut, ich bin Deine Frau.
Hör jetzt auf mit diesen
kindischen Alfanzerei'n,
reiß Dich doch zusammen!
laß den Unfug…
DER MANN: Hilfe! Mein
Brei! Mein Brei in Flammen!

Auch eine Zweierbeziehung

Herr Schurgel und Herr Zech,

die führen ein Gespräch,

Herr Schurgel, der hört zu,

Herr Zech gibt keine Ruh.

u. A. w. g.

Ich bin
ein ganz mißlungnes Tier.
So viel von mir.
Doch wer seid Ihr?

Gestern und Heute

Die Rotbart-Lieder

Nur der Himmel,
der besternte,
weiß, was ich bei der
Ernte lernte …

In Kaiser Rotbarts Handschuhfach,
da lag ein Plan vom Schlafgemach
der Königin von Zeesen.
Und auf dem Plan ein dicker Strich,
just da, wo ihm das Weib entwich,
als er bei ihr gewesen.

Von Kaiser Rotbarts Wannenbad,
da führt ein schmaler Trampelpfad
zu einer Liegewiese.
Der ist das Werk der Kaiserin,
sie trampelte vom Bad dorthin
und legte sich auf diese.

An Kaiser Rotbarts Mittagstisch,
da aß man sonntags ein Gemisch,
das meist die Kais'rin kochte.
Das schmeckte keinem von den Herrn,
und nur der Kaiser aß es gern,
weil er's nun einmal mochte.

An Kaiser Rotbarts Zinkelmann,
da ist ein spitzer Winkel dran,
gemessen via Rumpf.
Doch wenn er jenen zwiebelte,
was ihm kein Aas verübelte,
dann wurd' der Winkel stumpf.

Auf Kaiser Rotbarts Rasenbank,
da saß die Kaiserin und trank
mit fahriger Gebärde
ein Süpplein, das sie selbst gebraut,
aus Aniswurz und Bilsenkraut,
damit ihr übel werde.

In Kaiser Rotbarts ganzem Reich
kam niemand der Brünhilde gleich
und ihrem breiten Becken.
Für sie war jede Tür zu schmal,
sie ging selbst durch den Krönungssaal
nicht ohne anzuecken.

Bei Kaiser Rotbarts Waldandacht,
da hat ein Graf nicht mitgemacht,
und zwar aus Altersgründen.
So blieb er stets im Forsthaus drin,
um dort auf einer Försterin
ein spätes Glück zu finden.

In Kaiser Rotbarts Schlafgemach,
da gab der Boden langsam nach,
als er die Gräfin liebte.
Das Paar fiel in den Krönungssaal
und tötete den Feldmarschall,
der dort den Hupfauf übte.

Mit Kaiser Rotbarts Kammerherrn
erörterte der Kaiser gern
die allerletzten Fragen.
Die Kammerfrau saß stumm dabei,
nur manchmal tat sie einen Schrei,
um auch etwas zu sagen.

An Kaiser Rotbarts Lendenschurz,
da waren beide Enden kurz,
doch ganz speziell das linke.
So daß, wenn er zum Dremmeln ging
und sich der Wind im Tüchlein fing,
es schien, als ob er hinke.

In Kaiser Rotbarts Gästehaus,
da gibt der Landgraf einen aus
und das schon seit zwei Jahren.
Den Kaiser tut das herzlich freu'n,
und manchmal schaut er selbst hinein
auf einen kurzen Klaren.

Als Kaiser Rotbarts Lieblingshand
in seinem Hosentürl verschwand,
da schauderte den Staufen,
und sie beschlossen kurzerhand,
die schönste Frau im ganzen Land
als Kaiserin zu kaufen.

Bei Kaiser Rotbarts Gartenfest,
da fiel vom Baum ein Kuckucksnest
mit lauter rohen Eiern
grad auf des Kaisers Almanach,
worauf der Kaiser fröhlich sprach:
»Das ist ein Grund zum Feiern!«

Bei Kaiser Rotbarts Liebesspiel
niemals auch nur ein Wörtlein fiel,
kein lautes und kein leises.
Dieweil der Kaiser ständig schrie,
was seinem Spiel erst Schwung verlieh,
die, die dabei war, weiß es.

An Kaiser Rotbarts Papagei,
da schoß ein Polizist vorbei,
weil er nicht richtig zielte.
Der Kaiser tätschelte sein Tier
und sagte: »Das Geschoß galt dir,
jedoch der Schütze schielte.«

Von Kaiser Rotbarts Pferdeknecht,
da wurde allen Pferden schlecht,
man mußte ihn entlassen.
Die Kaisrin fragt: »Wo ist er denn?
Ich hab' heut kein Pferd speien sehn
und kann's noch gar nicht fassen!«

Aus Kaiser Rotbarts Grammophon,
da drang nur ein gedämpfter Ton,
den mochte keiner hören.
Der Kaiser hielt ihn stets parat,
um damit den Ministerrat
bei Sitzungen zu stören.

Vor Kaiser Rotbarts Pavillon,
da schwebt ein bleicher Luftballon
und wiegt sich still im Winde.
Der Kaiser blies ihn gestern auf,
dabei ging seine Lunge drauf,
nun freut sich das Gesinde.

Vor Kaiser Rotbarts reinem Sinn
verzweifelte die Sennerin,
die ihn verführen wollte.
Sie hob den Rock wohl übers Knie,
worauf der Kaiser Rotbart schrie,
daß sie das lassen sollte.

Als Kaiser Rotbart Lobesam
so recht ins Greisenalter kam,
da war er nicht bei Groschen.
Er ließ den Papst nach Flensburg zieh'n,
dann, über Braunschweig, nach Berlin
und hat ihn dort verdroschen.

Die Rotbart-Weise

Worte und Weise:
Bernstein, Gernhardt, Waechter

Chemie und Wahnsinn
Gemeinsame Gedichte

Ein Eichbaum steht
am Zwiebelmeer,
er schaukelt hin,
er schaukelt her...

Fünf Vierzeiler

Samt und Seide

Sprach der Samt zum Seide:
»Tu mir nichts zuleide!«
Drauf hat Seide diesem Samt
hastig eine reingeschrammt.

Bausch und Bogen

Der Bausch, der hat den Bogen
an dessen Ding gezogen.
Da lispelte der: »Bausch,
hör schofort damig ausch!«

Mann und Maus

Der Mann, der gab dem Maus
zwei Mark zuviel heraus.
Drauf redet' Maus den Mann
mit »Euer Gnaden« an.

Herr und Knecht

Der Herr rief: »Lieber Knecht,
mir ist entsetzlich schlecht!«
Da sprach der Knecht zum Herrn:
»Das hört man aber gern!«

Basis und Überbau

Die Basis sprach zum Überbau:
»Du bist ja heut schon wieder blau!«
Da sprach der Überbau zur Basis:
»Was is?«

Humphrey Bogarts Lehr- und Wanderjahre

Als noch verkannt und sehr gering
Humphrey Bogart auf Erden ging,
da trat er einst in einer Kneipe
zu einem ziemlich bleichen Weibe,
sah sie erst nur durchtrieben an,
worauf sich ein Duett entspann:
(Musik bitte, Ton ab, auf geht's, Bogey!)

ER: Frau, das würd' ich lieber lassen!
SIE: Was?
ER: Kaffee in die Schnabeltassen!
SIE: Mann! Das mach ich schon seit Jahren,
das Rezept hab ich vom Zaren –
na, wie hieß der Knabe noch?
ER: Bloch?
SIE: Unfug! Nicht der Philosoph!
Na, nun schau'n Sie nicht so doof,
haben Sie kein Lexikon?
Da steht er drin, der Hurensohn,
bis bald! Ich warte! Geh'n Sie schon!

Worauf Bogey leise fluchte,
angestrengt in Büchern suchte,
bis er rief: »Jetzt hab' ich ihn!
Es war Thomas von Aquin!«
Und so lenkte er die Schritte
abermals zur Kneipe. (Bitte
noch mal die Musik von vorhin.)

ER: Frau, ich weiß jetzt, wer der Zar,
den Sie jüngst erwähnten, war!
SIE: Welcher Zar denn? Kenne keinen!
ER: Aber suchten Sie nicht einen?
SIE: Mann! Um Himmels willen! Leiser!
Nebenan, da sitzt der Kaiser
und der mag's nun einmal nicht,
wenn man von Kollegen spricht.
Mensch! Schieb ab! Mich ruft die Pflicht!

So ging er denn mit Ach und Krach –
sagt selbst: Die Szene war doch schwach.
Das macht: In der erwähnten Zeit
war Bogey halt noch nicht so weit.
Erst später riß er uns vom Stuhl,
Mann, da war er wirklich cool.

Hört mich an, meine Matrosen!
Seht ihr nicht die riesengroßen…

Seid doch still, Herr Kapitän,
niemand kann die Dinger sehn.

Steuermann, dann droht Gefahr!
Dieses Zeug ist unsichtbar!
Hört mich an, meine Matrosen!
Ihr seht nicht die riesengroßen...

O du, der du

Einem Schreihals ins Stammbuch

O Schäfer, der du da im Wind
schreist, wo denn deine Schafe sind –:
Laß das Geschrei! Hör endlich auf!
Du Narr sitzt doch auf ihnen drauf!

An einen Arzt

O du, der du da die Kranken
heilst und ständig in Gedanken
deren Schlaftabletten frißt –:
Ahnst du denn in deinem Schlummer
etwas vom Patientenkummer,
der bei Nacht am größten ist?

An einen nördlichen Nachbarn

O Däne, der du deinen Deich
bäuchlings, einer Möwe gleich,
auf der Dänin runterrauschst –:
Mußt du dabei immer »Ach« schrein,
muß denn immer so ein Krach sein,
wenn du Zärtlichkeiten tauschst?

An einen pyromanischen Butler

O Diener, der du dadurch dienst,
daß du dem Herrn das Bett verminst,
bedenke bei der Explosion –:
Wiegt denn die Freude kurzen Krachens
die Mühsal auf des Saubermachens?
Sie tut's? Ist gut. Ich schweig ja schon.

Was haben wir denn hier,
Herr Passagier?

Hier im Gesicht?
Ja, ist das nicht…

Mein Pint!
Mit dem ich Sie gezeugt,
Im Namen Eurer Mutter:
Schweigt!

Die Körpersprache

Seht genau hin, dann hört ihr es wieder,
die Sprache des Körpers, das Plappern der Glieder:

Das Spreizen von dem Fuß
bedeutet: Chef, ich muß.

Das Wackeln mit den Ohren:
Ich hab hier nix verloren.

Das Anheben des Knies:
Mein Herr, versuchen Sie's.

Das Sträuben von dem Haar:
Tach, Leute! Alles klar?

Das Flattern mit den Flügeln:
Du kannst dich auch mal zügeln!

Hebt der Chef die Augenbrauen,
faßt den Prokurist ein Grauen.
Senkt der Chef ein Augenlid,
nimmt der Stift die Kasse mit.

Zeigt ein Jäger auf die Milz,
heißt das: Aufgemerkt! Jetzt gilt's!

Rechte Hand am linken Ohr:
Ruhe da! Was geht hier vor?

Rechte Hand in Leberhöhe:
Schön, Hörr Schmüt, döß üch Sü söhe!

Rechter Fuß am linken Arm:
Morgen wird es wieder warm.

Linke Hand am Schlüsselbein:
Tragt schon mal die Schüssel rein!

Lappt die Nase übers Hemd:
Heute fühl ich mich verklemmt.

Nase mitten im Gesicht:
Reisbrei? Nein, den mag ich nicht.

Nase bläßlich, Ohren rot:
Hallo, Freunde, Gott ist tot.

Beide Beine unterm Tisch:
Ich heiß Max und mach mich frisch.

Beide Füße unterm Knie:
Nichts zu machen, ssälawieh.

Augen auf und Hose zu:
Ich bin fertig. Was bist du?

Scherge und Mörder
Ein Kriminalgedicht

Das enge Tal, das schmale Tal
liegt länglich zwischen Bergen
und rettete so manches Mal
den Mörder vor dem Schergen.

Der Scherge ist so korpulent,
daß er viel Platz braucht, wenn er rennt.
Der Mörder, etwas schmäler,
flieht drum in enge Täler.

So stob er nach dem Goethe-Mord
gleich in die Hohen Tauern,
wo er vor'm Schergen sicher war
und allzu feisten Bauern.

Und auch nachdem er Marx erschoß,
trug ihn sein braves, dürres Roß
in jenes Alpental, und zwar
dorthin, wo es am schmalsten war.

Nur als er sich an Storm vergriff,
da ging die Sache elend schief.
Denn das war in der Ebene,
für Schergen das Gegebene.

Der Mörder bekam »Lebenslang«,
der Scherge einen Orden.
Und wenn sie nicht gestorben sind,
sind sie steinalt geworden.

Den Wanderern ins Stammbuch

Ein Sträußchen am Hute,
den Stab in der Hand,
die Hose im Eimer,
die Schuh' voller Sand:

So geht ihr durchs Leben,
allein und zu zweit.
Doch das kann man ändern,
nehmt euch doch nur Zeit!

Fangt an bei euch selber –
wie seht ihr denn aus?
Ein Sträußchen am Hute!
Am Hute ein Strauß!

Und dann diese Stäbe!
Wenn ich die schon seh'!
Die Hosen! Die Eimer!
Was ich nicht versteh':

Müßt ihr denn so ausschaun?
Warum denn der Hut?
Die Schuhe? Die Sträußchen?
Das geht doch nicht gut!

Das führt doch nicht weiter,
das bringt doch nichts ein!
O laßt dieses Lied
eine Mahnung euch sein!

Hier beißt der Hase in den Mond-
sehr merkwürdig – höchst
ungewohnt...

Robert Gernhardt

Die Blusen des Böhmen
Geschichten, Bilder, Geschichten in Bildern und Bilder aus der Geschichte
Band 13228

Es gibt kein richtiges Leben im valschen
Humoresken aus unseren Kreisen
Band 12984

Glück Glanz Ruhm
Erzählung Betrachtung Bericht
Band 13399

Körper in Cafés
Gedichte
Band 13398

Lichte Gedichte
Gedichte
Band 14108

Über alles
Ein Lese- und Bilderbuch
Band 12985

Wege zum Ruhm
13 Hilfestellungen für junge Künstler und 1 Warnung
Band 13400

Weiche Ziele
Gedichte 1984-1994
Band 12986

Wörtersee
Gedichte
Band 13226

Robert Gernhardt/ F. W. Bernstein
Besternte Ernte
Gedichte
Band 13229

Hört, hört!
Das WimS-Vorlesebuch
Band 13227

Robert Gernhardt/ F. W. Bernstein/ F. K. Waechter (Hg.)
Die Wahrheit über Arnold Hau
Band 13230

Fischer Taschenbuch Verlag

fi 772 / 8